Entwurf nebst Begründung

eines deutschen Gesetzes

über

das Verfahren gegen Jugendliche.

Sonderabdruck
aus den »Mitteilungen der Intern. Krim. Vereinigung« XIX. Bd. Heft 2.

BERLIN 1912.
J. Guttentag, Verlagsbuchhandlung,
G. m. b. H.

Wir Wilhelm, von Gottes Gnaden Deutscher Kaiser, König von Preußen usw.

verordnen im Namen des Reichs, nach erfolgter Zustimmung des Bundesrats und des Reichstags, was folgt:

§ 1.

Für das Verfahren gegen Jugendliche gelten die Vorschriften des Gerichtsverfassungsgesetzes und der Strafprozeßordnung nur, soweit nicht dieses Gesetz etwas anderes bestimmt.

Jugendlich im Sinne dieses Gesetzes ist, wer noch nicht achtzehn Jahre alt ist.

§ 2.

Für Strafsachen gegen Jugendliche werden von der Landesjustizverwaltung, soweit ein Bedürfnis besteht, bei den Amtsgerichten besondere Abteilungen (Jugendgerichte) gebildet.

Zu Schöffen bei den Jugendgerichten sind Personen zu berufen, die in der Jugenderziehung besonders erfahren sind. Auch Volksschullehrer dürfen zu Jugendschöffen berufen werden.

Die Landesjustizverwaltung bestimmt die Zahl der erforderlichen Haupt- und Hilfsschöffen. Bei Bildung der Urliste sind die Volksschullehrer in ein besonderes Verzeichnis aufzunehmen. Die Namen der Personen, die der Ausschuß zu Jugendschöffen gewählt hat, werden in besondere Jahreslisten eingetragen.

§ 3.

Öffentliche Klage soll gegen einen Jugendlichen nicht erhoben werden, wenn Erziehungs- und Besserungsmaßregeln einer Bestrafung vorzuziehen sind; dabei sind namentlich die

Beschaffenheit der Tat sowie der Charakter und die bisherige Führung des Jugendlichen zu berücksichtigen.

Ergibt sich nach Erhebung einer Klage, daß Erziehungs- und Besserungsmaßregeln einer Bestrafung vorzuziehen sind, so kann das Gericht das Verfahren gegen den Jugendlichen einstellen. Der Beschluß kann nicht angefochten werden. Außerhalb der Hauptverhandlung darf das Verfahren nur eingestellt werden, wenn die Staatsanwaltschaft zustimmt.

§ 4.

Wird nach § 3 keine Klage erhoben oder das Verfahren eingestellt, so ist die Sache an die Vormundschaftsbehörde abzugeben.

Hat die Staatsanwaltschaft die Sache abgegeben, so kann Klage nur noch erhoben werden, wenn die Vormundschaftsbehörde zustimmt.

§ 5.

Erachtet die Vormundschaftsbehörde den Jugendlichen für schuldig, so hat sie ihn entweder zu vermahnen oder der Zucht des gesetzlichen Vertreters oder der Schulbehörde zu überantworten, oder sie hat auf Grund der reichsgesetzlichen oder landesgesetzlichen Vorschriften die Fürsorgeerziehung (Zwangserziehung) anzuordnen oder, wenn der Jugendliche schon unter Fürsorgeerziehung steht, ihn der Zucht der Erziehungsbehörde zu übergeben.

Die Vormundschaftsbehörde kann zunächst den Jugendlichen für eine bestimmte Frist unter die Aufsicht eines Fürsorgers stellen und sich die Auswahl unter den Maßregeln vorbehalten. Als Fürsorger sind Personen zu wählen, die in der Jugenderziehung besonders erfahren sind; auch Frauen können gewählt werden.

Die Entscheidungen der Vormundschaftsbehörde sind der Staatsanwaltschaft mitzuteilen. Diese kann die Rechtsmittel einlegen, die einem Beteiligten zustehen.

§ 6.

Dem Jugendlichen ist von Amts wegen ein Verteidiger zu bestellen, sobald eine Voruntersuchung eröffnet oder die Eröffnung des Hauptverfahrens vor der Strafkammer beantragt ist.

§ 7.

Für den Jugendlichen, der keinen Verteidiger hat, soll ein Beistand zur Hauptverhandlung zugezogen werden.

Der Beistand hat die Rechte eines Verteidigers; hierauf soll er in der Ladung zur Hauptverhandlung hingewiesen werden. Spätestens bei der Ladung ist ihm der Beschluß, durch den das Hauptverfahren eröffnet worden ist, mitzuteilen.

Bleibt der geladene Beistand in der Hauptverhandlung aus, so wird ein anderer bestellt. Ist dies nicht möglich, so kann ohne einen Beistand verhandelt werden, falls daraus kein Nachteil für die Sache entsteht; andernfalls ist die Verhandlung auszusetzen.

§ 8.

Als Beistand soll in der Regel der gesetzliche Vertreter zugezogen werden; doch kann statt dessen der Vorsitzende einen besonderen Beistand bestellen.

Die Wahl des besonderen Beistandes soll auf Angehörige des Jugendlichen oder geeignete andere Personen gerichtet werden, die zur Übernahme bereit sind; auch Frauen können gewählt werden. Der Beistand soll so zeitig bestellt werden, daß er vor der Hauptverhandlung Erkundigungen über den Jugendlichen einziehen kann. Er kann selbständig Rechtsmittel einlegen wie ein gesetzlicher Vertreter.

§ 9.

Dem gesetzlichen Vertreter des Jugendlichen sollen Ort und Zeit der Hauptverhandlung rechtzeitig mitgeteilt werden. Der Beschluß, durch den das Hauptverfahren eröffnet wird, soll ihm bekannt gemacht werden; das Gleiche gilt von Urteilen, Strafbefehlen, Strafverfügungen, Strafbescheiden sowie von Beschlüssen, durch die das Verfahren nach § 3 eingestellt wird.

Die Vorschriften des § 149 der Strafprozeßordnung bleiben unberührt, auch wenn ein besonderer Beistand bestellt ist.

§ 10.

Die Untersuchungshaft wird gegen Jugendliche nicht vollzogen, wenn sie durch andere Maßregeln, insbesondere durch vorläufige Unterbringung in einer Erziehungsanstalt, ersetzt werden kann.

Wird ein Jugendlicher verhaftet oder die Haft durch andere Maßregeln ersetzt, so sollen der gesetzliche Vertreter, der etwa bestellte besondere Beistand und die Vormundschaftsbehörde alsbald benachrichtigt werden.

Jugendliche, die in Untersuchungshaft genommen werden, sollen in einem Raume mit erwachsenen Gefangenen nur vorübergehend und nur dann untergebracht werden, wenn es ihr körperlicher oder geistiger Zustand erfordert.

§ 11.

Die Hauptverhandlungen gegen Jugendliche sollen von andern derart gesondert werden, daß eine Berührung mit erwachsenen Angeklagten vermieden wird. Richtet sich ein Verfahren gegen Jugendliche und gegen Erwachsene, so sollen die Sachen getrennt werden, soweit es ohne Nachteil für die Verhandlung und Entscheidung geschehen kann.

Für die Verhandlung gegen einen Jugendlichen kann das Gericht die Öffentlichkeit ganz oder teilweise ausschließen. Das Urteil wird öffentlich verkündet; doch kann, soweit für die Verhandlung die Öffentlichkeit ausgeschlossen war, das Gericht durch besonderen Beschluß anordnen, daß die Begründung des Urteils in nicht öffentlicher Sitzung verkündet wird. Einer Verhandlung über den Ausschluß der Öffentlichkeit bedarf es nicht; der Beschluß, der die Öffentlichkeit ausschließt, wird öffentlich verkündet.

Auch soweit die Öffentlichkeit nicht ausgeschlossen wird, soll Jugendlichen, die bei der Sache nicht beteiligt sind, der Zutritt zur Verhandlung versagt werden.

Ist von einzelnen Erörterungen ein nachteiliger Einfluß auf den Angeklagten zu befürchten, so kann das Gericht, wenn der Verteidiger oder Beistand zustimmt, anordnen, daß der Angeklagte für die Dauer der Erörterungen das Sitzungszimmer verläßt.

§ 12.

Ein Strafbefehl darf gegen einen Jugendlichen nur wegen Übertretung erlassen werden.

§ 13.

Hat der Beschuldigte das achtzehnte Lebensjahr vollendet, die Tat aber vorher begangen, so kann die Staatsanwaltschaft von Erhebung der Klage absehen, wenn die Verschuldung und die Folgen der Tat geringfügig sind oder wenn besondere Umstände anderer Art es rechtfertigen. Unter den gleichen Voraussetzungen kann nach Erhebung einer öffentlichen Klage das Gericht mit Zustimmung der Staatsanwaltschaft das Verfahren einstellen.

§ 14.

Im § 75 Abs. 1 des Gerichtsverfassungsgesetzes wird die Vorschrift unter Nr. 14a durch folgende Vorschrift ersetzt:

»wegen der Verbrechen und Vergehen der Personen, die zur Zeit der Tat noch nicht achtzehn Jahre alt waren.«

§ 15.

Im § 140 Abs. 2 Nr. 1 der Strafprozeßordnung werden die Worte »oder das sechzehnte Lebensjahr noch nicht vollendet hat« gestrichen.

Der § 268 der Strafprozeßordnung wird aufgehoben.

Urkundlich usw.

Gegeben usw.

Begründung.

Die Eigenart der Personen, die sich in körperlicher und geistiger Beziehung noch im Zustand der Entwickelung befinden, wird in der geltenden Strafprozeßordnung nur in geringem Maße berücksichtigt. Das Gesetz beschränkt sich im wesentlichen darauf, vorzuschreiben, daß in Landgerichtssachen dem Angeschuldigten, der das sechzehnte Lebensjahr noch nicht vollendet hat, ein Verteidiger bestellt wird (§ 140 Abs. 2 Nr. 1) und daß der gesetzliche Vertreter eines Minderjährigen als dessen Beistand auftreten und zu seinen Gunsten Rechtsmittel einlegen kann (§§ 149, 340). Die Anklagepflicht der Staatsanwaltschaft besteht gegenüber Personen in jugendlichem Alter in gleichem Umfang wie gegenüber Erwachsenen; jede Person, die im Alter zwischen zwölf und achtzehn Jahren gegen die Strafgesetze verstößt, muß daher zur Verantwortung gezogen und zu Strafe verurteilt werden, sofern sie bei Begehung der strafbaren Handlung die zur Erkenntnis ihrer Strafbarkeit erforderliche Einsicht besessen hat (§§ 56, 57 des Strafgesetzbuchs).

Hierbei ist zunächst dem Umstand nicht ausreichend Rechnung getragen, daß Straftaten Jugendlicher, auch wenn diese die vom Gesetze vorausgesetzte Einsicht besessen haben, anders beurteilt werden müssen als die Taten Erwachsener. Was von Personen reiferen Alters begangen ein durch Strafe zu sühnendes Verbrechen oder Vergehen bildet, kann sich bei unreifen Personen als eine Verfehlung darstellen, deren strafrechtliche Verfolgung nicht geboten erscheint. Soweit die Tat eines Jugendlichen auf mangelhafte Erziehung zurückzuführen ist und der Täter noch in erziehungsfähigem Alter steht, wird den Interessen der Allgemeinheit wie auch dem Jugendlichen selbst durch staatliche Einwirkung auf die Erziehung besser gedient als durch Bestrafung. Stehen Verfehlungen harmloser Art in Frage, die im Wege der häuslichen Zucht oder der Schulzucht ausreichend geahndet werden können, so erscheint es als grundlose Härte, den Jugendlichen einer gerichtlichen Strafe zu unterwerfen, die ihn für sein späteres Leben mit einem Makel behaftet, sein Fortkommen erschwert und sein Ehrgefühl abstumpft. Auch wird durch die Vollziehung der Strafen ein günstiger Einfluß auf das Gemüt Jugendlicher in vielen Fällen nicht erzielt. Kurze und mit Milde vollzogene Freiheitsstrafen können eine Besserung des Jugendlichen nicht zur Folge haben, wenn die Straftat auf eine sittliche Verwahrlosung zurückzuführen ist; sie wirken überdies schädlich, indem sie dem Jugendlichen die Furcht vor der Strafe nehmen. Dagegen führen lange und mit Strenge vollstreckte Freiheitsstrafen unter Umständen dazu, den Jugendlichen zu verhärten und ihn für sein späteres Leben mit Feindseligkeit gegen die Rechtsordnung zu erfüllen.

Um Abhilfe zu schaffen, sahen die dem Reichstag in der 12. Legislaturperiode vorgelegten Entwürfe eines Gesetzes, betreffend Änderungen des Gerichtsverfassungsgesetzes, und einer Strafprozeßordnung[1]) eine Reihe von Vorschriften vor, durch die das Verfahren gegen Jugendliche eine besondere Regelung erfahren sollte. Sie bezweckten im wesentlichen, die Bestrafung Jugendlicher auf Fälle, in denen erzieherische Maßnahmen nicht ausreichen, zu beschränken, die Berührung der Jugendlichen mit den Strafgerichten möglichst zu verhüten und, wo eine strafgerichtliche Untersuchung unvermeidlich ist, das Verfahren so zu gestalten, wie es die Schutzbedürftigkeit der Jugendlichen erheischt. Die 7. Kommission des Reichstags, der die Entwürfe zur Vorberatung überwiesen waren[2]), hat diese Vorschläge nach eingehenden Erörterungen in ihren Grundzügen gebilligt und nach verschiedenen Richtungen weiter ausgebaut. Ebenso ist in der Öffentlichkeit und namentlich in den Kreisen der Behörden und Vereine, die sich der Jugendfürsorge widmen, der vorgeschlagene Ausbau des Jugendstrafverfahrens als zweckdienlich anerkannt worden.

Es herrscht Übereinstimmung darüber, daß die Reform gerade auf diesem Gebiete besonders dringlich ist. Da die Strafprozeßentwürfe im Reichstag nicht verabschiedet worden sind und nach dem gegenwärtigen Stande der das weite Gebiet des gesamten Strafrechts umfassenden Reformarbeiten mit einer grundlegenden Umgestaltung des Strafverfahrens in naher Zeit nicht mehr gerechnet werden kann, so erscheint es angezeigt, das Verfahren gegen Jugendliche durch ein besonderes Gesetz vorab zu regeln.

Die Grundlage des Entwurfs bilden die Vorschläge der Strafprozeßentwürfe, wobei die von der Reichstagskommission beschlossenen Änderungen in weitem Maße berücksichtigt sind. Die Notwendigkeit von Abweichungen in Einzelheiten ergibt sich insbesondere daraus, daß die Vorschriften aus dem Rahmen einer allgemeinen Reform des Strafverfahrens losgelöst und mit dem Gerichtsverfassungsgesetz in seiner geltenden Fassung und mit der jetzigen Strafprozeßordnung in Einklang gebracht werden müssen.

---

[1]) 12. Leg.-Per. I. Session 1907/09 Nr. 1310, II. Session 1909/10 Nr. 7. Die Entwürfe werden im folgenden als »Nov. G. V. G.« und »Ent. St. P. O.« bezeichnet.

[2]) 12. Leg.-Per. II. Session 1909/11 Nr. 638.

In Übereinstimmung mit den früheren Vorschlägen verfolgt der Entwurf in erster Reihe das Ziel, den Jugendlichen möglichst vor den mit einem Strafverfahren verbundenen Schäden zu bewahren. Demnach soll eine Bestrafung ganz unterbleiben, wenn nach Lage der Sache Erziehungsmaßregeln vorzuziehen sind. Soweit ein Strafverfahren unvermeidlich ist, wird es so gestaltet, daß es der Jugendfürsorge Rechnung trägt. Eine durchgreifende Besserung nach beiden Richtungen ist nur möglich, wenn das Gesetz den Behörden, die bei der strafrechtlicheu Behandlung Jugendlicher beteiligt sind, Vertrauen entgegenbringt und ihnen Befugnisse verleiht, die über das gewöhnliche Maß hinausgehen. Dies setzt eine Einrichtung und Zusammensetzung der mit jenem Zweige der Rechtspflege betrauten Behörden voraus, die Gewähr für eine einsichtige und verständnisvolle Erfüllung der ihnen übertragenen Aufgaben bietet. Im Ausland hat der Wunsch, eine sachgemäße Behandlung der Straftaten Jugendlicher zu sichern, dazu geführt, Kindergerichtshöfe zu bilden, denen besonders qualifizierte Richter mit ausgedehnten Befugnissen vorstehen. Soweit es sich nach den verhältnismäßig kurzen Erfahrungen beurteilen läßt, haben sich diese Einrichtungen, namentlich in Amerika und England, bewährt. Auch bei uns ist der lebhafte Wunsch hervorgetreten, ähnliche Einrichtungen in den Rahmen unserer Gerichtsverfassung einzufügen. Die Justizverwaltungen der Bundesstaaten sind diesem Wunsche, soweit das geltende Gesetz dafür Raum bietet, entgegengekommen und haben bereits an vielen Orten bei den Amtsgerichten besondere Abteilungen für Jugendliche eingerichtet. Allerdings können diese Jugendgerichte bisher nur eine beschränkte Wirksamkeit entfalten, weil ihre Zuständigkeit eng begrenzt und ihre Tätigkeit an die Vorschriften der geltenden Strafprozeßordnung gebunden ist. Es ist Aufgabe der Gesetzgebung, diese Einrichtungen weiter auszubauen und ihnen möglichst allgemeine Verbreitung zu verschaffen. Eine einfache Übertragung der ausländischen Einrichtungen auf unsere Verhältnisse ist allerdings nicht angängig, aber der ihnen zugrunde liegende Gedanke läßt sich sehr wohl auch innerhalb unserer Gerichtsorganisation nutzbar machen. Offenbar muß ein Gericht, das sich unausgesetzt mit der Beurteilung von

Straftaten Jugendlicher zu befassen hat, wertvolle Erfahrungen auf diesem Gebiete gewinnen, die der Rechtspflege nur zugute kommen können. Solche Gerichte dürfen, wenn sie ersprießlich wirken sollen, ihre Tätigkeit nicht auf die bloße Aburteilung der jugendlichen Übeltäter beschränken; vielmehr ist es wünschenswert, daß sie auch sonst auf deren persönliche Verhältnisse Einfluß gewinnen und zu diesem Zwecke die vormundschaftsgerichtliche Aufsicht ausüben oder wenigstens in enger Verbindung mit dem Vormundschaftsgerichte stehen. Endlich muß besonderer Wert darauf gelegt werden, daß die Gerichte mit den der Jugendfürsorge gewidmeten Behörden und Vereinen zusammenwirken. Die Fürsorgevereine, die schon jetzt eine weite Verbreitung und zum Teil eine vorzügliche Organisation besitzen, umfassen eine große Zahl wertvoller Hilfskräfte, die sich mit opferwilliger Hingebung der verwahrlosten und fürsorgebedürftigen Jugend widmen. Es fehlte nur vielfach an der richtigen Verbindung mit den Organen der Rechtspflege, um sie auch auf diesem Gebiete nutzbar zu machen. Hierzu soll nunmehr der Weg eröffnet werden.

Von diesen Gesichtspunkten aus ist die Behandlung der Jugendlichen im Entwurfe geregelt. Unter Jugendlichen versteht der Entwurf alle Personen, die noch nicht 18 Jahre alt sind (§ 1). Für Strafsachen gegen Jugendliche sollen bei den Amtsgerichten, soweit ein Bedürfnis besteht, besondere Abteilungen (Jugendgerichte) gebildet werden, in denen bei der Verhandlung besonders befähigte Schöffen mitwirken (§ 2). Die Verbindung des Amtes des Vorsitzenden des Jugendgerichts mit dem Amte des Vormundschaftsrichters ist Sache der Justizverwaltungen und muß diesen überlassen bleiben. Sie ist für das im Entwurfe vorgesehene Ineinandergreifen strafgerichtlicher und vormundschaftsgerichtlicher Tätigkeit von wesentlicher Bedeutung; auf die Auswahl geeigneter Persönlichkeiten wird es dabei vor allem ankommen. Was die bei den Jugendgerichten mitwirkenden Schöffen betrifft, so sollen sie besonders ausgewählt und den Kreisen entnommen werden, die auf dem Gebiete der Jugenderziehung erfahren sind. Lehrer, Lehrherren und Mitglieder von Fürsorgevereinen werden dabei vornehmlich zu berücksichtigen sein. Die Möglichkeit, auch Volksschullehrer zu Jugendschöffen zu wählen, wird durch die Vorschrift des § 2 Abs. 2 Satz 2 eröffnet. In engem Zusammenhange mit den Vorschriften über die Bildung von Jugendgerichten steht die Bestimmung des § 14, durch welche die Zuständigkeit der Schöffengerichte und damit in erster Linie der Jugendgerichte für Straftaten jugendlicher Personen erheblich ausgedehnt wird.

In erster Linie soll indessen der Jugendliche, wenn Erziehungsmaßregeln der Bestrafung vorzuziehen sind, überhaupt nicht vor den Strafrichter gebracht, sondern dem Vormundschaftsrichter überwiesen werden. Deshalb legt der Entwurf (§ 3 Abs. 1) der Staatsanwaltschaft die Verpflichtung auf, bei allen Straftaten eines Jugendlichen, der noch im erziehungsfähigen Alter steht, zu prüfen, ob nicht Erziehungs- und Besserungsmaßregeln mehr am Platze sind als Strafe. Selbst bei Straftaten, die sich als Verbrechen darstellen, kann bei Jugendlichen die Beschränkung auf eine Erziehungsmaßregel mehr angebracht sein. Eine bestimmte Abgrenzung ist nicht möglich, da jeder Fall sein eigenes Gepräge hat; hier muß zunächst das Ermessen der Strafverfolgungsbehörde eintreten. Verdienen nach ihrer Ansicht Erziehungs- und Besserungsmaßregeln den Vorzug, so soll sie von Erhebung der Klage absehen.

Ausschließlich vom Ermessen der Staatsanwaltschaft wird es indessen nicht abhängen dürfen, ob Bestrafung einzutreten hat oder nicht. Auch in Fällen, in denen die Staatsanwaltschaft nach den Ergebnissen des Vorverfahrens glaubt die Erhebung der Klage nicht unterlassen zu dürfen, kann das Gericht zu der Auffassung gelangen, daß der Fall sich nicht zur Verhängung einer Strafe eigne; das Gericht darf dann nicht genötigt sein, gegen seine Überzeugung eine Strafe zu verhängen. Der Entwurf (§ 3 Abs. 2) gibt daher dem Gerichte — und zwar sowohl dem Jugendgerichte wie jedem andern, sei es in der ersten, sei es in der Berufungsinstanz, mit Jugendstrafsachen befaßten Gerichte — für den Fall, daß es Erziehungs- und Besserungsmaßregeln für angebracht hält, die Befugnis, das Verfahren einzustellen. Dieser Beschluß soll von keiner Seite, also auch nicht von der Staatsanwaltschaft, angefochten werden können.

Sieht die Staatsanwaltschaft von Erhebung der Klage ab oder stellt das Gericht das Verfahren ein, so ist die Sache an die Vormundschaftsbehörde abzugeben (§ 4). Diese hat dann über die Erziehungs- und Besserungsmaßregeln zu entscheiden, die der Sachlage entsprechen (§ 5). Der Entwurf gibt ihr zugleich die Befugnis, den Jugendlichen zunächst für eine bestimmte Frist unter die Aufsicht eines Fürsorgers zu stellen und sich die Auswahl unter den Maßregeln vorzubehalten. In diesem Falle wird die Führung des Jugendlichen und die Auskunft, die der Fürsorger darüber erteilt, für die schließliche Entscheidung der Behörde von maßgebendem Einfluß sein. Ähnliche Einrichtungen bestehen in Amerika und England und haben, wie versichert wird, ganz besonders zu den günstigen Erfahrungen beigetragen, die dort bei der Behandlung jugendlicher Übeltäter gemacht worden sind. Zu Fürsorgern sollen Personen gewählt werden, die auf dem Gebiete der Jugendfürsorge Erfahrungen besitzen. Die Wahl wird vorzugsweise auf Mitglieder von Fürsorgebehörden und Fürsorgevereinen zu richten sein. In vielen Fällen, namentlich wenn es sich um weibliche Angeklagte handelt, werden Frauen dazu in hervorragendem Maße geeignet sein; der Entwurf bestimmt daher, daß auch Frauen gewählt werden können.

Soweit ein Strafverfahren gegen Jugendliche stattfindet, wird es mit Kautelen umgeben, die eine gründliche Prüfung gewährleisten und die schädigenden Einflüsse des Strafverfahrens möglichst abschwächen. Namentlich ist Sorge getragen, daß der Jugendliche im Verfahren entweder durch einen Verteidiger oder durch einen Beistand unterstützt wird (§§ 6 bis 8) sowie daß der gesetzliche Vertreter über den Fortgang des Verfahrens unterrichtet bleibt (§ 9, zu vgl. § 10 Abs. 2). Die Untersuchungshaft soll nicht vollzogen werden, wenn ihr Zweck durch vorläufige Unterbringung in einer Erziehungsanstalt oder durch andere Maßnahmen erreicht werden kann (§ 10 Abs. 1). Auch hierbei werden die Organe der Rechtspflege vielfach auf die Unterstützung der Fürsorgebehörden und Fürsorgevereine angewiesen sein. Soweit Jugendliche mit der Untersuchungshaft nicht verschont werden können, sollen sie vor schädlichen Einflüssen im Gefängnis möglichst behütet werden (§ 10 Abs. 3). Auch wird darauf hingewirkt, daß die Hauptverhandlungen gegen Jugendliche von Verhandlungen gegen Erwachsene möglichst gesondert werden (§ 11 Abs. 1). Ferner wird dem Gericht allgemein die Befugnis gegeben, für Hauptverhandlungen gegen Jugendliche die Öffentlichkeit auszuschließen (§ 11 Abs. 2), sowie durch eine Reihe anderer Maßnahmen die nachteiligen Einwirkungen, die sich aus der Hauptverhandlung für den Jugendlichen ergeben können, nach Möglichkeit abzuwenden (§ 11 Abs. 3, 4). Entsprechend den Beschlüssen der Reichstagskommission ist endlich vorgesehen, daß ein Strafbefehl gegen einen Jugendlichen nur wegen Übertretung erlassen werden darf (§ 12).

Ihre Ergänzung finden diese Vorschriften in der Bestimmung des § 13, nach der die Staatsanwaltschaft gegenüber Beschuldigten, die das achtzehnte Lebensjahr vollendet, die Tat aber vorher begangen haben, von Erhebung der Klage absehen kann, wenn die Verschuldung und die Folgen der Tat geringfügig sind oder wenn besondere Umstände anderer Art es rechtfertigen.

Zu den einzelnen Vorschriften ist folgendes zu bemerken

§ 1.

Während die Bestimmungen des materiellen Strafrechts, die sich auf Delikte jugendlicher Personen beziehen (§§ 56, 57 des Strafgesetzbuchs), und ebenso die Zuständigkeitsnormen des Gerichtsverfassungsgesetzes (§ 73 Nr. 3, § 75 Abs. 1 Nr. 14a; zu vgl. § 14 dieses Entwurfs) lediglich das Alter, in dem der Beschuldigte bei Begehung der Tat gestanden hat, im Auge haben, also auch dann zur Anwendung kommen, wenn er zur Zeit des Strafverfahrens schon über achtzehn Jahre alt ist, sollen die besonderen Vorschriften über das Verfahren gegen Jugendliche, abgesehen von der Vorschrift des § 13, nur gelten, solange der Beschuldigte das achtzehnte Lebensjahr noch nicht vollendet hat. Diese Begrenzung ist durch den Zweck der Vorschriften geboten. Denn sowohl für die Frage, ob Erziehungsmaßregeln einer Strafe vorzuziehen sind, wie auch für die Frage eines besonderen Schutzes im Verfahren kann es nur darauf ankommen, ob der Beschuldigte in dem Zeitpunkt noch erziehungsfähig oder schutzbedürftig ist, in dem die Erziehung einsetzen oder der Schutz gewährt werden soll. Der Entwurf geht davon aus, daß beides zutrifft solange der Beschuldigte das achtzehnte Lebensjahr nicht vollendet hat. Auch empfiehlt sich, die Altersgrenze, mit der die besondere Stellung des Beschuldigten im Strafverfahren aufhört, mit dem Eintritt der vollen Strafmündigkeit nach materiellem Strafrecht zusammenfallen zu lassen.

§ 2.

Besondere Jugendabteilungen bei den Amtsgerichten können nicht allgemein vorgeschrieben werden, da sie voraussichtlich nur in größeren Verhältnissen eine zweckentsprechende Wirksamkeit entfalten können. Die Bildung solcher Abteilungen bei den einzelnen Amtsgerichten wird deshalb davon abhängig gemacht, daß ein Bedürfnis besteht. Die Entscheidung hierüber haben die Landesjustizverwaltungen zu treffen; es darf davon ausgegangen werden, daß diese in weitestem Maße zur Bildung besonderer Jugendgerichte schreiten werden. Zu Vorsitzenden werden Amtsrichter zu berufen sein, die nach ihrer Persönlichkeit und Erfahrung dazu besonders geeignet sind; auch ist es erwünscht, daß die Ämter des mit der Wahrnehmung der vormundschaftlichen Angelegenheiten betrauten Richters und des Vorsitzenden des Jugendgerichts in einer Person vereinigt werden. Dieses Ziel wird zum Teil schon jetzt durch Anordnungen der Justizverwaltung und Maßnahmen der Geschäftsverteilung angestrebt.

Die Bildung von Jugendgerichten bei den Amtsgerichten genügt. Die Ausdehnung, welche die im § 75 Abs. 1 Nr. 14a des Gerichtsverfassungsgesetzes enthaltene Vorschrift durch § 14 dieses Entwurfs erhalten soll, wird voraussichtlich dazu führen, daß weitaus die Mehrzahl der Jugendstrafsachen an die Schöffengerichte gelangen werden und daß die Zahl der noch vor dem Landgerichte zu verhandelnden Sachen verhältnismäßig gering sein wird. Soweit sich gleichwohl ein Bedürfnis hierzu ergeben sollte, kann im Wege der Geschäftsverteilung dafür Sorge getragen werden, daß die Strafsachen gegen Jugendliche bei einer Strafkammer vereinigt werden und daß diese Kammer mit Richtern, die auf dem Gebiete des Jugendstrafrechts besonders erfahren sind, besetzt wird.

Wie der Eingang des Abs. 1 ergibt, soll das Jugendgericht gegenüber einem Angeschuldigten nur tätig werden, solange er noch nicht achtzehn Jahre alt ist. Im Gegensatze hierzu sollte es nach den früheren Entwürfen (§ 118[30] Nov. G. V. G.) lediglich darauf ankommen, ob der Angeschuldigte zu der Zeit, wo die Sache bei Gericht anhängig wird, noch nicht achtzehn Jahre alt ist, wogegen es der weiteren Behandlung der Sache durch das Jugendgericht nicht entgegenstehen sollte, daß er nach diesem Zeitpunkt das achtzehnte Lebensjahr vollendet. Die jetzt vorgeschlagene Beschränkung verdient den Vorzug, weil sie den Grundsatz der Trennung von jugendlichen und erwachsenen Angeschuldigten schärfer durchführt und weil danach das Jugendgericht ausschließlich mit Angeschuldigten zu tun hat, die den nur für Jugendliche geltenden besonderen Schutzvorschriften unterstehen.

Die Vorschrift, daß zu Jugendschöffen auch Volksschullehrer berufen werden dürfen (§ 2 Abs. 2 Satz 2; zu vgl. § 118[4] Abs. 2 Nov. G. V. G.), bedarf im Hinblick auf § 34 Abs. 1 Nr. 8, § 36 des Gerichtsverfassungsgesetzes in seiner geltenden Fassung einer Ergänzung dahin, daß die Volksschullehrer in die Urliste aufzunehmen sind. Aus Zweckmäßigkeitsgründen ist die Aufnahme in ein besonderes Verzeichnis vorgeschrieben (§ 2 Abs. 3 Satz 2).

§ 3.

Um einem Jugendlichen, der eine Straftat begangen hat, bei dem aber an Stelle einer Bestrafung erzieherische Maßregeln angezeigt erscheinen, die Berührung mit den Strafgerichten fernzuhalten, legt der Entwurf der Staatsanwaltschaft in solchen Fällen die Pflicht auf, gegen den Jugendlichen keine öffentliche Klage zu erheben. Bevor die Staatsanwaltschaft ihre Entschließung trifft, wird sie die Sachlage soweit aufklären müssen, um ein Urteil darüber zu gewinnen, ob die Strafe oder Erziehungsmaßregeln angebracht sind. Dabei soll sie dem Charakter und der bisherigen Führung des Jugendlichen sowie der Umgebung, unter deren Einflüssen er gestanden hat, und der Art, wie für seine Erziehung gesorgt ist, besondere Aufmerksamkeit zuwenden. Auch wenn die Ermittelungen ergeben, daß der Jugendliche bei der Tat die zur Erkenntnis ihrer Strafbarkeit erforderliche Einsicht nicht besessen hat, wird die Staatsanwaltschaft in der Lage sein, von Erhebung der Klage abzusehen. Bei der Freiheit der Entschließung, die ihr der Entwurf gewährt, kann darüber ein Zweifel nicht bestehen. Für die gegenwärtig vielfach vertretene Auffassung, daß die Staatsanwaltschaft, auch wenn sie die Einsicht des Jugendlichen verneint, von der Anklage nicht absehen dürfe, vielmehr dem Gericht überlassen müsse, auf Grund des § 56 des Strafgesetzbuchs den Angeklagten freizusprechen und die nötigen Erziehungsmaßregeln anzuordnen, ist auf dem Boden des Entwurfs kein Raum mehr. Im übrigen wird bei Prüfung der Frage, ob von Erhebung der öffentlichen Klage abgesehen werden kann, zu erwägen sein, ob auch Gewähr dafür besteht, daß geeignete Erziehungsmaßregeln noch eintreten, insbesondere ob nicht der Jugendliche der oberen Altersgrenze so nahe steht, daß auf die Durchführung des Verfahrens vor der Vormundschaftsbehörde bis zur Vollendung seines achtzehnten Lebensjahres nicht gerechnet werden kann. Auch durch die Beseitigung des Verfolgungszwanges wird den Fürsorgeausschüssen und ähnlichen freien Organisationen des Jugendschutzes ein fruchtbares Feld der Tätigkeit eröffnet. Sie erscheinen als die gegebenen Stellen, um schon die Staatsanwaltschaft wie weiterhin die Gerichte bei der Wahl des einzuschlagenden Weges zu unterstützen. Selbstverständlich können für die Entscheidung darüber, ob Erziehungs- und Besserungsmaßregeln einer Bestrafung vorzuziehen sind, unter Umständen auch Erwägungen allgemeiner Art, z. B. die Rücksicht darauf, daß bestimmte Delikte Jugendlicher überhandnehmen, von Einfluß sein.

Um möglichst sicherzustellen, daß die Entschließung über Erhebung der Klage sachgemäß und nach einheitlichen Gesichtspunkten getroffen werde, hatte die Reichstagskommission besondere Vorschriften aufgenommen, nach denen bei Verbrechen und Vergehen vor der Entschließung die Vormundschaftsbehörde gehört werden und die Entschließung, auch wenn die Sache zur Zuständigkeit der Amtsgerichte gehört, nicht dem Amtsanwalte, sondern dem Staatsanwalte zustehen sollte (§ 375b Abs. 1 Satz 2 der Beschlüsse zum Entw. St. P. O.). Derartige generelle gesetzliche Regeln empfehlen sich nicht, weil sie für einfach und klar liegende Fälle zu nachteiligen Verzögerungen führen. Soweit sich ein Bedürfnis ergeben sollte, auf die im Sinne des Entwurfs liegende enge Fühlung zwischen Staatsanwaltschaft und Vormundschaftsbehörden besonders hinzuwirken oder die nötige Einheitlichkeit in der Handhabung der Entschließungen durch besondere Anordnungen sicherzustellen, wird das Erforderliche im Verwaltungswege zu veranlassen sein. Ein gesetzlicher Eingrift in die Zuständigkeit der Amtsanwälte ist übrigens bei der jetzigen Sachlage um so weniger gerechtfertigt, als eine Erweiterung ihrer Kompetenz, wie sie die in den Strafprozeßentwürfen vorgesehene Ausdehnung der unmittelbaren Zuständigkeit der Amtsgerichte zur Folge gehabt hätte, zurzeit nicht mehr in Betracht kommt.

Auch wenn im Strafverfahren gegen einen Jugendlichen Klage erhoben worden ist, wird unter Umständen das Gericht auf Grund der Ergebnisse der Verhandlung zu der Auffassung gelangen, daß nach Lage des Falles Erziehung- und Besserungsmaßregeln einer Strafe vorzuziehen sind. Daß in diesem Falle das Gericht nicht genötigt werden darf, auf Strafe zu erkennen, das Gesetz vielmehr einen Weg eröffnen muß, um auch noch in diesem Stadium die Bestrafung abzuwenden und Erziehungsmaßregeln eintreten zu lassen, ist schon in den einleitenden Bemerkungen hervorgehoben. Im § 3 Abs. 2 wird daher dem Gerichte die Befugnis gegeben, das Verfahren gegen den Jugendlichen einzustellen. Diese Befugnis greift, wie die allgemeine Fassung der Vorschrift ergibt, auch im Verfahren auf Privatklage Platz. Während die frühere Vorlage (§ 373 Entw. St. P. O.) die Einstellung nur auf Grund der Ergebnisse der Hauptverhandlung zuließ, wird durch den jetzigen Entwurf im Anschluß an die Beschlüsse der Reichstagskommission (§ 375b Abs. 2) auch eine Einstellung außerhalb der Hauptverhandlung ermöglicht. Eine solche Maßnahme kann unter Umständen sachlich gerechtfertigt und im Interesse des Jugendlichen erwünscht sein. Sie muß indessen auf Fälle beschränkt bleiben, in denen nach Erhebung der Klage unzweifelhaft zutage tritt, daß Erziehungsmaßregeln einer Bestrafung vorzuziehen sind. Soweit diese Frage nach Lage der Akten vom Gericht und von der Staatsanwaltschaft verschieden beurteilt wird, ist es im Interesse einer gründlichen Erledigung der Sache erforderlich, daß durch die Hauptverhandlung volle Aufklärung geschaffen wird. Der Entwurf läßt daher eine Einstellung außerhalb der Hauptverhandlung nur zu, wenn die Staatsanwaltschaft zustimmt.

Die Einstellung des Verfahrens soll nicht durch Urteil, sondern durch Beschluß angeordnet und der Beschluß durch Rechtsmittel nicht angefochten werden können. Eine andere Regelung würde das Verfahren, das gerade in Fällen dieser Art besonderer Beschleunigung bedarf, unzweckmäßigerweise verzögern. Die dabei eintretende Häufung von Instanzen würde dem Angeklagten und seinem Vertreter die Möglichkeit geben, zunächst gegen den Beschluß des Gerichts, der die Einstellung und Überweisung ausspricht, dann gegen die Anordnung des Vormundschaftsgerichts, an das die Sache zur weiteren Veranlassung abgegeben wird, Rechtsmittel einzulegen und so die endgültige Erledigung in unerwünschter Weise hinauszuschieben. Insbesondere wenn die Anordnung der Fürsorgeerziehung zu erwarten ist, würde eine solche Verschleppung versucht werden, und gerade da wäre sie in hohem Grade nachteilig. Es besteht auch kein Bedürfnis, Rechtsmittel gegen die Einstellung des Verfahrens zu gewähren. Für den Jugendlichen bedarf es dessen selbst bei schwereren Straftaten nicht; denn wenn auch das Gericht die Einstellung nur unter der Voraussetzung beschließen kann, daß es den Jugendlichen der strafbaren Handlung für schuldig erachtet, so wird doch die Schuldfrage durch den Einstellungsbeschluß weder förmlich noch endgültig beantwortet, sondern bleibt einer weiteren Prüfung durch die Vormundschaftsbehörde und die ihr übergeordneten Instanzen vorbehalten. Die Gewährung eines Rechtsmittels würde also höchstens den Interessen der Strafverfolgung dienen, indem der Staatsanwaltschaft, wenn diese im Gegensatze zu der Auffassung des Gerichts kriminelle Bestrafung für geboten hält, ermöglicht würde, den Einstellungsbeschluß anzufechten. Allein schon jetzt ist die Staatsanwaltschaft gerade in den schwereren, von der Strafkammer zu entscheidenden Fällen nicht in der Lage, gegen eine zu milde Bestrafung eines Jugendlichen im Wege des Rechtsmittels Abhilfe zu suchen, weil mit der Revision die Strafbemessung nicht angegriffen werden kann; es ist nicht bekannt, daß der Mangel der Berufung gerade nach dieser Richtung zu Klagen Anlaß gegeben hätte. Hiernach kann es, wenn das Gericht, das regelmäßig ein Jugendgericht sein wird, einstellt, auch der Staatsanwaltschaft gegenüber bei dieser Entscheidnng bewenden. Dagegen gewährt der Entwurf der Staatsanwaltschaft die Möglichkeit, gegen die Entscheidung der Vormundschaftsbehörde, der die Sache zwecks Anordnung der nötigen Erziehungsmaßregeln vorgelegt ist, Rechtsmittel einzulegen und auf diesem Wege darauf hinzuwirken, daß in schwereren Fällen ausreichende Maßregeln zur Anwendung kommen (§ 5 Abs. 3 Satz 2).

Nach den Beschlüssen der Reichstagskommission sollte, wenn eine Voruntersuchung geführt war, der Untersuchungsrichter über die Einstellung des Verfahrens beschließen (§ 375b Abs. 1 Satz 3 der Kommissionsbeschlüsse zum Entw. St. P. O.). Mit dem geltenden Rechte ist dies nicht vereinbar, weil nach diesem über die Ergebnisse der Voruntersuchung nicht der Untersuchungsrichter, sondern das Gericht zu befinden hat. Die Bekanntgabe des Einstellungsbeschlusses an den gesetzlichen Vertreter des Jugendlichen (§ 375b Abs. 2 Satz 3 a. a. O.) ist im § 9 vorgeschrieben.

Im Zusammenhange mit den Vorschriften über die Einstellung des Verfahrens gegen Jugendliche war in den früheren Entwürfen bestimmt, daß im Sinne der Vorschriften über die Kosten des Verfahrens ein Jugendlicher, gegen den das Verfahren eingestellt wird, einem zu Strafe verurteilten Angeklagten gleichsteht (§ 485 Abs. 4 Entw. St. P. O.). Auf diese Vorschrift, nach der dem Jugendlichen bei der Einstellung die Auslagen aufzuerlegen waren, wird besser verzichtet, weil sie den Anschein erwecken kann, daß die Einstellung einer Verurteilung nahestehe, und weil sie da, wo die Vormundschaftsbehörde bei der ihr zustehenden selbständigen Prüfung zu einer Verneinung der Schuldfrage gelangt, zu einer unberechtigten Belastung des Jugendlichen führt. Daß in Fällen in denen ein Privatklageverfahren nach den besonderen Vorschriften dieses Entwurfs eingestellt wird, die im § 70 Nr. 1 des Gerichtskostengesetzes vorgesehene Gebühr nicht zu erheben ist (zu vgl. Artikel 1 Nr. 9 des Entwurfs eines Gesetzes, betreffend die durch die neue Strafprozeßordnung veranlaßten Änderungen des Gerichtskostengesetzes)[1]), bedarf bei der jetzigen Sachlage keiner ausdrücklichen Vorschrift; es ist selbstverständlich, daß jene Bestimmung des Gerichtskostengesetzes auf die durch ein neues Gesetz geschaffene besondere Art der Einstellung nicht anwendbar wird.

§ 4.

Erhebt die Staatsanwaltschaft keine Klage, weil nach ihrer Ansicht erzieherische Maßregeln einer Bestrafung vorzuziehen sind, so hat sie die Sache an die Vormundschaftsbehörde abzugeben. Das Gleiche soll nach dem Entwurfe, der in dieser Beziehung den Beschlüssen der Reichstagskommission (§ 375c der Beschlüsse zum Entw. St. P. O.) folgt, in allen Fällen gelten, in denen das Gericht das Verfahren nach § 3 Abs. 2 einstellt.

Eine Abgabe der Sache an die Vormundschaftsbehörde war in den früheren Vorschlägen auch für den Fall vorgesehen, daß gegen einen Jugendlichen wegen Geringfügigkeit der Verfehlung keine Klage erhoben oder das Verfahren eingestellt wird; die Abgabe war hier aber nur unter der Voraussetzung vorgeschrieben, daß nach Lage des Falles Erziehungs- und Besserungsmaßregeln geboten sind (§ 375c Abs. 1 Satz 2 a. a. O.) Diese Bestimmung bildete eine Ergänzung der allgemeinen Vorschriften der Strafprozeßentwürfe, durch die der Verfolgungszwang für geringfügige Verfehlungen sowohl gegenüber Erwachsenen wie gegenüber Jugendlichen eingeschränkt werden sollte. Mit dem geltenden Rechte, das entsprechende allgemeine Vorschriften nicht enthält, ist die Bestimmung nicht vereinbar. Sie ist daher in den vorliegenden Entwurf nicht übernommen. Da bei geringfügigen Verfehlungen Jugendlicher die Annahme, daß erzieherische Maßnahmen einer Bestrafung vorzuziehen sind, in der Regel gerechtfertigt und deshalb nach § 3 ohnehin von Erhebung der Klage abzusehen sein wird, so ist eine Häufung der Strafverfolgungen gegen Jugendliche von dem Wegfall jener Einschränkung des Verfolgungszwanges nicht zu befürchten; die praktische Verschiedenheit der jetzt vorgeschlagenen Regelung von den

[1]) 12. Leg.-Per. II. Session 1909/10 Nr. 528.

früheren Entwürfen liegt im wesentlichen nur darin, daß die Staatsanwaltschaft nunmehr in allen Fällen, in denen sie gegenüber einem Jugendlichen von Erhebung der Klage absieht, die Sache an die Vormundschaftsbehörde abzugeben hat.

Die Abgabe der Sache durch die Staatsanwaltschaft sollte nach den früheren Entwürfen (§ 365 Abs. 3 Entw. St. P. O.; § 375c Abs. 2 der Beschlüsse) die Erhebung einer Klage schlechthin ausschließen. Diese Regelung bedarf einer Einschränkung. Im Verfahren vor der Vormundschaftsbehörde kann sich die Sachlage und insbesondere das Bild, das die Staatsanwaltschaft von der Persönlichkeit des Jugendlichen gewonnen hatte, derart verändern, daß die Notwendigkeit einer Bestrafung klar zutage tritt. Der Entwurf läßt daher die Erhebung einer Klage noch zu, wenn die Vormundschaftsbehörde zustimmt. Nach der allgemeinen Fassung dieser Vorschrift kann, nachdem die Staatsanwaltschaft die Sache abgegeben hat, wegen der Tat auch eine Privatklage nur noch mit Zustimmung der Vormundschaftsbehörde erhoben werden; der Möglichkeit, daß ein Privatkläger die Absichten der Staatsanwaltschaft und der Vormundschaftsbehörde durchkreuzt, ist somit vorgebeugt.

§ 5.

Über das Verfahren vor der Vormundschaftsbehörde, der die Sache vorgelegt wird, trifft der Entwurf (§ 5) nur insoweit Vorschriften, als ein zweckentsprechendes Eingreifen der Vormundschaftsbehörde gesichert werden muß. Soweit nicht besondere Vorschriften gegeben sind, bestimmt sich das Verfahren nach den einschlägigen Bestimmungen der Reichsgesetze und Landesgesetze über das Verfahren in Angelegenheiten der freiwilligen Gerichtsbarkeit. Kommt die Anordnung der Fürsorgeerziehung (Zwangserziehung) auf Grund landesgesetzlicher Bestimmungen in Frage, so sind die Verfahrensvorschriften des Landesgesetzes maßgebend. Auch die örtliche Zuständigkeit der Vormundschaftsbehörden richtet sich nach den Vorschriften über die Angelegenheiten der freiwilligen Gerichtsbarkeit (zu vgl. §§ 36, 43, 44, 46 des Reichsgesetzes über die Angelegenheiten der freiwilligen Gerichtsbarkeit). Den Ausdruck »Vormundschaftsbehörde« gebraucht der Entwurf in demselben Sinne wie das Bürgerliche Gesetzbuch den

Ausdruck »Vormundschaftsgericht«. Die Abweichung rechtfertigt sich, weil in einigen Bundesstaaten andere als gerichtliche Behörden für die dem Vormundschaftsgericht obliegenden Verrichtungen zuständig sind (Artikel 147 Abs. 1 des Einführungsgesetzes zum Bürgerlichen Gesetzbuch).

Durch den Entwurf selbst (§ 5 Abs. 1) werden der Vormundschaftsbehörde für den Fall, daß sie den Jugendlichen für schuldig erachtet, eine Reihe von Erziehungs- und Besserungsmaßregeln zur Verfügung gestellt; sie soll wählen können zwischen einer Vermahnung und der Überweisung an die Zucht des gesetzlichen Vertreters, der Schulbehörde oder, wenn der Jugendliche schon unter Fürsorgeerziehung steht, der Erziehungsbehörde. Von der Anordnung einer dieser Maßregeln darf die Vormundschaftsbehörde nur absehen, wenn sie auf Grund reichsgesetzlicher oder landesgesetzlicher Vorschriften Fürsorgeerziehung anordnet. Welche Zuchtmittel der gesetzliche Vertreter, die Schulbehörde oder die Erziehungsbehörde gegenüber dem Jugendlichen anwenden kann, richtet sich nach den dafür maßgebenden allgemeinen Vorschriften.

Ferner gibt der § 5 Abs. 2 der Vormundschaftsbehörde die Befugnis, den Jugendlichen zunächst für eine bestimmte Frist unter die Aufsicht eines Fürsorgers zu stellen und sich die Auswahl unter den Maßregeln vorzubehalten. Auf die Bedeutung dieser Vorschrift für den Erfolg der im Entwurf angebahnten Behandlung der Jugendlichen ist schon in den einleitenden Bemerkungen hingewiesen. Ein Zwang zur Übernahme der Aufgaben eines Fürsorgers ist nicht vorgesehen. So wichtig die Heranziehung von Personen ist, die sich der Unterstützung der Gerichte auf diesem Gebiete widmen, so erscheint doch gerade hier ein Zwang nicht angebracht. Bei dem regen Interesse, daß der Behandlung krimineller Jugendlicher in weiten Kreisen entgegengebracht wird, darf man das Vertrauen hegen, daß sich stets geeignete Persönlichkeiten finden werden, die jene Aufgabe freiwillig übernehmen. Die Wahl des Fürsorgers wird in der Regel auf eine bestimmte, dem Gerichte bekannte Person zu richten sein. Indessen ist es unbedenklich, wo Fürsorgebehörden oder Fürsorgevereine bestehen, auch den Vorstand oder einen Beamten der Behörde oder ein bestimmtes Mitglied des Vereins zu wählen oder auch die Wahl in der Weise zu treffen, daß als Fürsorger die Person gewählt wird, die nach der Einrichtung des Fürsorgeverbandes die Jugendfürsorge in dem Bezirk auszuüben hat, in dem der Jugendliche wohnt. Daß sich der Fürsorger bei Erfüllung seiner Aufgaben der Hilfe anderer Personen bedienen kann, ist selbstverständlich.

Über die Beteiligung der Staatsanwaltschaft am Verfahren vor der Vormundschaftsbehörde enthält der Entwurf nur die Vorschrift, daß die Entscheidungen der Vormundschaftsbehörde der Staatsanwaltschaft mitzuteilen sind und daß diese von den Rechtsmitteln Gebrauch machen kann, die nach den Bestimmungen über das Verfahren in Angelegenheiten der freiwilligen Gerichtsbarkeit oder der Fürsorgeerziehung einem Beteiligten zustehen. Dies erscheint schon deshalb empfehlenswert, weil die Staatsanwaltschaft sich leichter entschließen wird, von Erhebung der öffentlichen Klage abzusehen, wenn sie durch Einlegung von Rechtsmitteln darauf hinwirken kann, daß die ihrer Auffassung nach geeigneten Erziehungsmaßregeln angeordnet werden; außerdem erscheint es nur folgerecht, wenn in Fällen, in denen im Vertrauen auf die Anordnung wirksamer Erziehungsmaßregeln von der Strafverfolgung des Jugendlichen abgesehen worden ist, die Strafverfolgungsbehörde eine Nachprüfung der Entschließungen der Vormundschaftsbehörde durch die höheren Instanzen herbeiführen kann.

§§ 6 bis 8.

Für die Verteidigung Jugendlicher gilt gegenwärtig nur insofern etwas besonderes, als nach § 140 der Strafprozeßordnung in Sachen, die vor dem Landgericht in erster Instanz zu verhandeln sind, ein Angeschuldigter, der noch nicht 16 Jahre alt ist, notwendig einen Verteidiger haben muß; der Verteidiger ist zu bestellen, sobald der Angeschuldigte zur Erklärung über die Anklage aufgefordert ist. Diese Regelung trägt der Schutzbedürftigkeit der Jugendlichen nicht genügend Rechnung. Der Entwurf sieht daher vor, daß in allen Sachen der Jugendliche entweder durch einen Verteidiger oder durch einen Beistand unterstützt wird.

Die Verteidigung ist nach dem Entwurf überall da notwendig, wo gegen einen Jugendlichen eine Voruntersuchung geführt wird; außerdem ist sie für die Sachen vorgeschrieben, in denen, ohne daß eine Voruntersuchung stattgefunden hat, die Eröffnung des Hauptverfahrens vor der Strafkammer beantragt wird; der Verteidiger ist alsbald nach Eröffnung der Voruntersuchung oder, wenn eine solche nicht stattfindet, alsbald nach Eingang des Antrags auf Eröffnung des Hauptverfahrens zu bestellen (§ 6). Hierdurch wird die Notwendigkeit der Verteidigung in Landgerichtssachen auf alle Personen ausgedehnt, die noch nicht achtzehn Jahre alt sind; zugleich wird dadurch erreicht, daß, abweichend von den Regeln des § 140 der Strafprozeßordnung, dem Jugendlichen der Verteidiger stets schon bei Beginn der Voruntersuchung zur Seite tritt. Daß ein Verteidiger nicht zu bestellen oder die Bestellung zurückzunehmen ist, wenn ein gewählter Verteidiger für den Jugendlichen eintritt, darf nach Sinn und Zweck der Vorschrift als selbstverständlich gelten; ein ausdrücklicher Hinweis darauf, daß die Vorschrift des § 143 der Strafprozeßordnung unberührt bleibt (zu vergl. § 368 Abs. 1 Entw. St.P.O.), ist daher entbehrlich. Die im § 140 der Strafprozeßordnung enthaltene Sondervorschrift über die Verteidigung der noch nicht sechzehn Jahre alten Angeklagten wird durch die Bestimmungen des § 6 überflüssig; sie soll daher nach § 15 Abs. 1 gestrichen werden.

Für den Jugendlichen, der keinen Verteidiger hat, was nach § 6 nur in Sachen möglich ist, die in erster Instanz vor den Schöffengerichten zu verhandeln sind, soll ein mit allen Rechten eines Verteidigers ausgestatteter Beistand zugezogen werden (§ 7 Abs. 1, 2). Zu nutzlosen Verzögerungen darf dies allerdings nicht führen; es soll daher für den Fall, daß der Beistand in der Hauptverhandlung ausbleibt und ohne Aussetzung der Verhandlung ein anderer Beistand nicht zugezogen werden kann, ohne Beistand verhandelt werden dürfen, wenn es ohne Nachteile für die Sache geschehen kann (§ 7 Abs. 3).

Als Beistand ist in der Regel der gesetzliche Vertreter des Jugendlichen als dessen natürlicher Beschützer zuzuziehen. Da jedoch der gesetzliche Vertreter unter Umständen nicht zu erreichen oder an der Mitwirkung verhindert oder aus Gründen, die in seiner Persönlichkeit liegen, für die Aufgaben eines Beistandes ungeeignet ist, muß auch die Wahl eines besonderen Beistandes zugelassen werden. Der Beschluß der Reichstagskommission, der die Zuziehung eines besonderen Beistandes an Stelle des gesetzlichen Vertreters nicht an bestimmte gesetzliche Voraussetzungen bindet, sondern dem Gerichte hier freie Hand läßt (§ 370 Abs. 1 der Beschlüsse zum Entw. St. P. O.), erscheint empfehlenswert und ist daher in den Entwurf übernommen. Für die Frage, wer als besonderer Beistand zu wählen ist, kommen ähnliche Gesichtspunkte in Betracht, wie für die Wahl des Fürsorgers, den die Vormundschaftsbehörde nach § 5 Abs. 2 zu bestellen hat. Im § 8 Abs. 2 sind deshalb für die Auswahl ähnliche Anweisungen gegeben wie dort. Unter Umständen wird, wenn das Gericht gemäß § 3 den Jugendlichen der Vormundschaftsbehörde überweist, der besondere Beistand als Fürsorger im Verfahren vor der Vormundschaftsbehörde weiter fungieren können. Einen Zwang zur Übernahme der Stellung eines Beistandes sieht der Entwurf ebensowenig vor wie bei dem Fürsorger.

Da der besondere Beistand in der Lage sein muß, bei Eintritt in die Hauptverhandlung die Sachlage zu übersehen und dem Gerichte die etwa nötigen Aufklärungen über die persönlichen Verhältnisse des Angeklagten zu geben, soll seine Wahl so zeitig erfolgen, daß er vor der Hauptverhandlung Erkundigungen über den Jugendlichen einziehen kann. Gleichen Zwecken dient die Vorschrift, daß dem Beistand spätestens bei Ladung zur Hauptverhandlung der Beschluß, durch den das Hauptverfahren eröffnet worden ist, mitgeteilt wird (§ 7 Abs. 2 Satz 2); diese Vorschrift gilt übrigens, wie ihre Stellung ergibt, nicht nur für den besonderen Beistand, sondern auch für den gesetzlichen Vertreter, der nach § 8 als Beistand zugezogen wird. Um dem Beistand die Möglichkeit zu eröffnen, unabhängig vom Willen des Jugendlichen die gerichtlichen Entscheidungen anzufechten, soll er wie ein gesetzlicher Vertreter selbständige Rechtsmittel einlegen dürfen (§ 8 Abs. 2 Satz 3).

§ 9.

Daß der gesetzliche Vertreter eines Jugendlichen zum Verfahren zugezogen wird, ist durch das geltende Gesetz nur in geringem Umfang sichergestellt. Im § 149 der Strafprozeßordnung ist vorgeschrieben, daß der gesetzliche Vertreter eines Angeklagten in der Hauptverhandlung als Beistand zuzulassen und auf Verlangen zu hören ist; daneben kommt nur noch die im § 268 der Strafprozeßordnung enthaltene Vorschrift in Betracht, nach der Urteile, durch welche die Unterbringung eines Angeklagten in einer Erziehungs- oder Besserungsanstalt angeordnet wird, dem gesetzlichen Vertreter bekanntzumachen sind. Diese Bestimmungen reichen nicht aus, um den gesetzlichen Vertreter eines Jugendlichen auch da, wo er nicht nach §§ 7, 8 als Beistand zugezogen wird, die Wahrnehmung der Interessen seines Schutzbefohlenen in der Hauptverhandlung zu ermöglichen und Sicherheit dafür zu bieten, daß ihm Urteile und sonstige auf Strafe lautende Entscheidungen bekannt werden. Der Entwurf schreibt daher vor, daß Ort und Zeit der Hauptverhandlung sowie der Eröffnungsbeschluß dem gesetzlichen Vertreter des Jugendlichen mitgeteilt wird. Ferner dehnt er die Vorschrift des § 268 der Strafprozeßordnung auf alle Urteile sowie auf Einstellungsbeschlüsse aus, die auf Grund des § 3 erlassen werden; den Urteilen sind Strafbefehle, Strafverfügungen und Strafbescheide gleichgestellt. Für die Art der Bekanntmachung sind lediglich die allgemeinen Vorschriften maßgebend; einer Zustellung des Urteils oder des in der Hauptverhandlung verkündeten Einstellungsbeschlusses an den gesetzlichen Vertreter bedarf es daher nur, wenn dieser bei der Verkündung nicht zugegen gewesen ist (§ 35 Abs. 1, 2 der Strafprozeßordnung). Bei der Fassung der Vorschriften des § 9 ist berücksichtigt, daß die Mitteilungen und Bekanntmachungen an den gesetzlichen Vertreter nicht zu zwecklosen Weiterungen und Verzögerungen führen dürfen. Selbstverständlich können die Mitteilungen und Bekanntmachungen unterbleiben, wenn sie nicht tunlich sind; dies kann namentlich darauf beruhen, daß sich der gesetzliche Vertreter nicht im Inland aufhält oder daß sein Aufenthalt vom Gerichte nicht ermittelt ist.

Daß die Befugnisse, die dem gesetzlichen Vertreter nach § 149 der Strafprozeßordnung zustehen, durch die Bestellung eines besonderen Beistandes nicht berührt werden, ist im Hinblick auf die in der Reichstagskommission geäußerten Zweifel durch die Vorschrift des § 9 Abs. 2 klargestellt.

Da der § 268 der Strafprozeßordnung durch die Vorschriften des § 9 praktisch bedeutungslos wird, ist seine Aufhebung im § 15 Abs. 2 vorgesehen.

§ 10.

Nach der Vorschrift des Abs. 1 ist die Untersuchungshaft nicht zu vollziehen, wenn die Gefahr einer Flucht oder einer Erschwerung der Wahrheitsermittelung durch Maßnahmen anderer Art beseitigt werden kann. Die Tatsache, daß Jugendliche schädlichen Einflüssen in Gefängnissen besonders zugänglich sind und daß ihnen schon durch die Untersuchungshaft leicht ein gewisser Makel aufgedrückt wird, läßt erwünscht erscheinen, daß die Haft nur vollzogen wird, wenn der Zweck auf andere Weise nicht zu erreichen ist. Als Maßnahmen, die sich zum Ersatze der Haft eignen, kommen neben der Verwahrung in einer Erziehungsanstalt die Unterbringung in einer geeigneten Familie in Betracht; unter Umständen wird es genügen, wenn der gesetzliche Vertreter sich verpflichtet, den Jugendlichen zu überwachen.

Die Benachrichtigung des gesetzlichen Vertreters und des etwa bestellten besonderen Beistandes des Jugendlichen von der Verhaftung oder anderen Maßregeln, welche die Haft ersetzen, ist im Abs. 2 vorgeschrieben, damit sie sich des Jugendlichen annehmen und gegebenenfalls auf Aufhebung des Haftbefehls hinwirken können.

Die Vorschrift des Abs. 3 untersagt, daß ein Jugendlicher in der Untersuchungshaft in einem Raume mit erwachsenen Gefangenen zusammengebracht wird. Von diesem Grundsatz soll im Interesse des Jugendlichen nur abgewichen werden dürfen, wenn sein körperlicher oder geistiger Zustand vorübergehend eine Zusammenlegung mit erwachsenen Gefangenen nötig macht. Daß eine Ausnahme eintreten muß, wenn der Jugendliche auf ärztliche Anordnung in die Krankenabteilung des Gefängnisses verbracht wird, versteht sich von selbst.

Aber auch wo es wegen der Kleinheit des Gefängnisses an einer besonderen Krankenabteilung fehlt, wird es, wenn der Erkrankte nach Lage des Falles in ein Krankenhaus nicht sofort überführt werden kann, unter Umständen notwendig sein, ihn zeitweilig mit Erwachsenen zusammenzulegen, um ihn nicht ohne Aufsicht und Pflege zu lassen. Das Gleiche kann mit Rücksicht auf den geistigen Zustand des Jugendlichen erforderlich werden, wenn sich Symptome zeigen, die, wie Erregungs- oder Depressionszustände, die fortgesetzte Anwesenheit eines Erwachsenen wünschenswert machen. Immer aber darf es sich, wie der Abs. 3 zum Ausdruck bringt, nur um vorübergehende Maßnahmen handeln.

§ 11.

Um den Gefahren entgegenzuwirken, die für jugendliche Personen daraus entstehen, daß sie vor den Strafgerichten mit erwachsenen Verbrechern in Berührung kommen, ist verschiedentlich schon heute im Verwaltungsweg angeordnet, daß Strafsachen gegen Personen, die im jugendlichen Alter stehen, nicht in denselben Räumen oder doch nicht zu denselben Zeiten verhandelt werden, wie Strafsachen gegen Erwachsene. Der Entwurf folgt dem Vorgang, indem er vorschreibt, daß die Hauptverhandlungen gegen Jugendliche von anderen Verhandlungen gesondert werden, und indem er ferner verordnet, daß zusammenhängende Strafsachen, bei denen sowohl Jugendliche als Erwachsene beteiligt sind, getrennt werden, soweit es ohne Nachteil für die Verhandlung und Entscheidung geschehen kann. Die Hauptverhandlungen sollen derart gesondert werden, daß die Berührung mit erwachsenen Angeklagten vermieden wird. Auch die Berührung unbestrafter Jugendlicher mit bestraften soll tunlichst vermieden werden. Die hierzu erforderlichen Maßnahmen haben die Justizverwaltungen zu treffen. Soweit irgend möglich, ist auf vollständige Trennung der Verhandlungsräume Bedacht zu nehmen.

Daß die Öffentlichkeit der Verhandlung gegen einen Jugendlichen häufig den erheblichsten Bedenken unterliegt, ist allgemein anerkannt. Einen befangenen Angeklagten schüchtert sie derart ein, daß das Gericht nicht in die Lage kommt, sich über seine sittliche und geistige Reife ein zutreffendes Bild zu machen. Sie wirkt aber auch schädlich auf den Angeklagten selbst. Besitzt er Ehrgefühl, so wird dieses durch die öffentliche Bloßstellung abgestumpft; ist er bereits sittlich verdorben, so versucht er nicht selten, durch dreistes Auftreten auf die Zuhörer Eindruck zu machen. Gerade jugendliche Angeklagte kommen sich dadurch, daß sie vor der Öffentlichkeit den Mittelpunkt einer Verhandlung bilden, besonders wichtig vor, so daß die Hauptverhandlung oft den ungünstigsten Einfluß ausübt. Außerdem kann der Jugendliche durch die Öffentlichkeit in seinem Fortkommen auf eine Weise geschädigt werden, die mit der Bedeutung der ihm zur Last fallenden Straftat in keinem Verhältnis steht. Der Entwurf gibt daher im Verfahren gegen einen Jugendlichen dem Gerichte die Befugnis, die Öffentlichkeit für die Verhandlung ganz oder teilweise auszuschließen. Auch für die Verkündung des Urteils soll, soweit für die Verhandlung die Öffentlichkeit ausgeschlossen war, das Gericht durch besonderen Beschluß die Öffentlichkeit ausschließen dürfen. Es empfiehlt sich nicht, die Ausschließung der Öffentlichkeit davon abhängig zu machen, daß von einem Prozeßbevollmächtigten ein Antrag gestellt wird und daß die andern Prozeßbeteiligten nicht widersprechen. Denn es handelt sich hier um die Berücksichtigung allgemeiner Interessen; eine durch die Sachlage gebotene Ausschließung der Öffentlichkeit darf daher nicht dadurch verhindert werden, daß kein Antrag gestellt wird oder daß einer der Prozeßbeteiligten, namentlich der Jugendliche selbst, nicht einverstanden ist. Aus denselben Gründen sieht der Entwurf davon ab, die Vorschriften des Gerichtsverfassungsgesetzes, nach denen über die Ausschließung der Öffentlichkeit zu verhandeln ist, hierher zu übertragen. Auch erscheint es nicht empfehlenswert, die Befugnis des Gerichts zur Ausschließung der Öffentlichkeit, wie dies nach den Beschlüssen der Reichstagskommission (§ 372 Abs. 2 Satz 1 der Beschlüsse zum Entw. St. P. O.) geschehen sollte, an die ausdrückliche Feststellung zu binden, daß von der Öffentlichkeit ein nachteiliger Einfluß auf den Jugendlichen zu befürchten ist. Eine solche Vorschrift könnte die Gerichte dazu führen, daß sie zu Beginn der Hauptverhandlung in Erörterungen über die Persönlichkeit des Jugendlichen eintreten, die zweckmäßiger in einen späteren Zeitpunkt verlegt werden und die, namentlich wenn sie in öffentlicher Sitzung vorgenommen werden, dem Jugendlichen zum Schaden gereichen können. In Fällen, in denen Jugendliche gemeinschaftlich mit erwachsenen Angeklagten abgeurteilt werden, können die Sondervorschriften des § 11 Abs. 2 allerdings nicht zur Anwendung gelangen; durch die Bestimmungen des Abs. 1 wird indessen darauf hingewirkt, daß eine gemeinsame Verhandlung nur stattfindet, soweit es unbedingt nötig ist.

Die Vorschriften der Abs. 3, 4 entsprechen Beschlüssen der Reichstagskommission (§ 372 Abs. 3, 4 der Beschlusse zum Entw. St.P.O.), deren Berechtigung anzuerkennen ist. Sie legen dem Gerichte die besondere Pflicht auf, bei Verhandlungen gegen Jugendliche für die Fernhaltung anderer jugendlicher Personen zu sorgen und ermöglichen es, daß der jugendliche Angeklagte für die Dauer einzelner Erörterungen, von denen ein nachteiliger Einfluß auf ihn zu befürchten ist, der Verhandlung ferngehalten wird. Zu Ungunsten des Jugendlichen kann die letztere Vorschrift nicht gereichen, da ihre Anwendung die Zustimmung des Verteidigers oder Beistandes voraussetzt.

§ 12.

Die Vorschrift, daß ein Strafbefehl gegen Jugendliche nur wegen Übertretung erlassen werden darf, entspricht gleichfalls einem Beschlusse der Reichstagskommission (§ 421 Abs. 4 der Beschlüsse zum Entw. St. P. O.). Hierdurch wird für alle Vergehen Jugendlicher sichergestellt, daß die Fragen, ob der Jugendliche bei Begehung der Tat die vom Gesetze vorausgesetzte Einsicht besessen hat und ob Erziehungs- und Besserungsmaßregeln einer Bestrafung vorzuziehen sind, vom Gerichte nicht nur auf Grund der Akten beantwortet werden. Die Anwendung des Strafbefehls gegenüber Jugendlichen auch für Übertretungen auszuschließen, empfiehlt sich nicht. Hier werden nicht selten Fälle vorkommen, in denen weder die Feststellung der Einsicht irgendwelche Schwierigkeiten macht noch die Anwendung von Erziehungsmaßregeln in Frage kommt. Für derartige Fälle ist die Zulässigkeit eines Strafbefehls gegenüber Jugendlichen von Wert, weil ihnen dadurch die Hauptverhandlung erspart wird. Daß auch bei Übertretungen einem Jugendlichen gegenüber der Strafbefehl mit Vorsicht anzuwenden ist, versteht sich von selbst; soweit über die Frage der Einsicht und über die Zweckmäßigkeit einer Bestrafung Zweifel bestehen können, werden die Staatsanwaltschaft und das Gericht dafür zu sorgen haben, daß durch die Hauptverhandlung volle Aufklärung geschaffen wird. Durch § 9 ist dafür gesorgt, daß von Strafbefehlen, die gegen einen Jugendlichen erlassen werden, der gesetzliche Vertreter Kenntnis erhält.

§ 13.

Die Vorschriften der §§ 1 bis 12, die auf den Beschuldigten nur anwendbar sind, solange er noch nicht achtzehn Jahre alt ist, bedürfen einer Ergänzung für den Fall, daß der Beschuldigte das achtzehnte Lebensjahr zwar vollendet, die Tat aber vorher begangen hat. Wie schon bemerkt, geht der Entwurf davon aus, daß sich bei Straftaten aller Art die Verfehlung gerade deshalb als besonders geringfügig darstellen kann, weil der Täter bei der Tat in jugendlichem Alter stand. Diese Erwägung läßt es geboten erscheinen, auch für Fälle, in denen der Beschuldigte nach der Tat das achtzehnte Lebensjahr vollendet hat, den Verfolgungszwang einzuschränken. Die Staatsanwaltschaft soll daher in diesen Fällen von Erhebung der Klage absehen dürfen, wenn die Verschuldung und die Folgen der Tat geringfügig sind oder wenn besondere Umstände anderer Art es rechtfertigen. Soweit noch vormundschaftsgerichtliche Maßnahmen in Frage kommen, haben selbstverständlich die Strafbehörden der Vormundschaftsbehörde pflichtmäßig Mitteilung zu machen; nur handelt es sich dabei nicht um eine Abgabe der Sache an die Vormundschaftsbehörde mit den besonderen Wirkungen der §§ 4, 5.

§ 14.

Dem Umstand, daß Straftaten jugendlicher Personen anders zu bewerten sind als Straftaten Erwachsener, tragen die Zuständigkeitsnormen des geltenden Rechtes schon in gewissem Umfang Rechnung. Nach § 73 Nr. 3 des Gerichtsverfassungsgesetzes sind für Verbrechen, die zur Zuständigkeit der Schwurgerichte gehören, die Strafkammern zuständig, wenn der Täter zur Zeit der Tat noch nicht achtzehn Jahre alt war. Ferner ist durch § 75 Abs. 1 Nr. 14a für alle Vergehen der Personen, die zur Zeit der Tat noch nicht achtzehn Jahre alt waren, die Überweisung der Verhandlung und Entscheidung an die Schöffengerichte ermöglicht, wenn nach Lage des Falles eine verhältnismäßig geringe Strafe zu erwarten ist. Im Anschluß an die Beschlüsse der Reichstagskommission (§ 23[2] der Beschlüsse zur Nov. G.V.G.) schlägt der Entwurf vor, diese Möglichkeit der Überweisung an das Schöffengericht auch auf Verbrechen auszudehnen. Selbst unter den Verbrechen Jugendlicher kommen sehr häufig leichte Fälle vor. Vor allem gilt dies von den Verbrechen des schweren Diebstahls (§ 243 des Strafgesetzbuchs), des Raubes (§§ 249, 250, 252 des Strafgesetzbuchs), der schweren Urkundenfalschung (§ 268 des Strafgesetzbuchs) sowie der unzüchtigen Handlung mit Personen unter 14 Jahren (§ 176 Nr. 3 des Strafgesetzbuchs). Die Aburteilung solcher Falle durch die Amtsgerichte zu ermöglichen, empfiehlt sich um so mehr, als durch die Einrichtung der Jugendgerichte gerade hier besondere Gewähr für eine sachgemäße Beurteilung geschaffen wird und als diese Gerichte hervorragend geeignet erscheinen, die ihnen in Zukunft obliegende Entscheidung, ob nicht Besserungsmaßregeln einer Bestrafung vorzuziehen sind, in einer die Interessen der Strafrechtspflege und die Individualität des Angeklagten gleichmäßig berücksichtigenden Weise zu treffen.

§ 15.

Die Gründe, aus denen die hier vorgeschlagenen Änderungen der geltenden Strafprozeßordnung geboten sind, ergeben sich aus den Bemerkungen zu den §§ 6, 9.

Druck von Leonhard Simion Nf. in Berlin SW.

186912